GUÍA DE LECTURA

Escrita por Florence Meurée
Traducida por María Olivera Álvarez

El diario de Ana Frank

de Ana Frank

Entiende fácilmente la literatura con

ResumenExpress.com

www.resumenexpress.com

ANA FRANK

AUTOBIOGRAFÍA ALEMANA JUDÍA

- **Nació en 1929 en Fráncfort del Meno**
- **Falleció en 1945 en Bergen-Belsen**
- **Su obra:** *El diario de Ana Frank* (1947), novela autobiográfica

De origen alemán, Ana Frank (1929-1945) es un símbolo de la persecución y de la exterminación de los judíos por el régimen nazi. El aumento del antisemitismo y la multiplicación de las leyes contra los judíos en los años 1930 obligan a su familia a emigrar a los Países Bajos antes de pasar a la clandestinidad.

Así, la empresa de su padre situada en el centro de Ámsterdam, sirve de escondite a ocho judíos durante dos años. Allí, Ana, que quiere convertirse en escritora o periodista, escribe su diario pero también anécdotas e historias ficticias, publicadas en 2001 con el título *Relatos y acontecimientos del anexo. La vida de Cady.*

Probablemente después de ser denunciados, los clandestinos son detenidos en agosto de 1944 y deportados. En el campo de Bergen-Belsen Ana enferma de tifus y muere durante el invierno de 1944-1945.

EL DIARIO DE ANA FRANK

EL DIARIO DE UNA JUDÍA CONDENADA

- **Género**: diario íntimo
- **Edición de referencia:** Frank, Ana. 2001. *Diario de Ana Frank*. Traducido por Martín Bruggendieck. Santiago de Chile: Pehuén Editores
- **Primera edición**: 1947
- **Temáticas**: Segunda Guerra Mundial, antisemitismo, clandestinidad, amistad, deportación, miedo

En 1947 Otto Frank toma la iniciativa de publicar el diario de su hija con el título *La casa de atrás*. La particularidad de este texto es que se limitaba inicialmente a un uso estrictamente personal: Ana cuenta su vida diaria en la clandestinidad con todas las ataduras que eso implica. También expone sus reflexiones sobre su personalidad, su relación con los demás o incluso la guerra.

El diario de Ana Frank, con 25 millones de ejemplares vendidos y traducido a 55 idiomas, es uno de los libros más leídos del mundo.

RESUMEN

ANTES DE LA CLANDESTINIDAD

El diario comienza el día en que Ana cumple 13 años, el 12 de junio de 1942. Forma parte de los regalos que ha recibido por su cumpleaños. En esa época, la joven lleva una vida relativamente tranquila en Ámsterdam: pasa tiempo con sus compañeros del colegio, la castigan en clase porque habla demasiado y tiene varios admiradores que no le interesan.

A estas preocupaciones de adolescente se suman otras relacionadas con el contexto de la escritura. Ana menciona las leyes contra los judíos adoptadas por Hitler que se aplican en los Países Bajos, entonces ocupados (la obligación de llevar la estrella, la prohibición de utilizar el transporte público, de acudir a lugares de ocio o de ser recibidos en casas de cristianos, etc.).

LA ENTRADA EN LA CLANDESTINIDAD

A principios de julio de 1942 Otto, el padre de Ana, le anuncia que pronto vivirán en clandestinidad. Su salida, inicialmente prevista para el 16 de julio, se adelanta una semana debido a un acontecimiento alarmante: convocan a Margot, la hermana mayor de Ana, para ir a trabajar a un campo a Alemania. «Yo estaba aterrada: todo el mundo sabe qué significa una citación; imaginó inmediatamente los campos de concentración, las celdas solitarias» (Frank 2001, 8 de julio de 1942).

A partir del día siguiente, la familia Frank se instala en el «anexo» (o la «casa de atrás»), es decir, las salas de la empresa de Otto que no se utilizan, sin saber que permanecerían allí durante más de dos años. Los empleados del padre de Ana (Miep, Bep, Kleimen y Kugler) guardan el secreto. Desde ese momento se encargarán de aprovisionar a los clandestinos. Ana siente que su vida sin preocupaciones se ha terminado. Pero sigue siéndole difícil considerar el escondite su nueva casa.

La familia Van Daan, a la que pertenecen un socio de Otto, su mujer y su hijo, se une a ellos el 13 de julio. Así, los Frank se enteran de que corren diferentes rumores sobre su repentina desaparición. En un primer momento, Ana está encantada de la llegada de estos nuevos inquilinos, pero muy pronto surgen tensiones: «Me parece extraño que las personas mayores regañen tan fácilmente por cualquier minucia» (Frank 2001, 28 de septiembre de 1942).

Ana se encuentra a menudo en medio de las discusiones, ya que los Van Daan le reprochan que es demasiado charlatana y pretenciosa. La joven también tiene enfrentamientos con su madre y su hermana, de las que se siente diferente.

UN OCTAVO CLANDESTINO

En noviembre la casa de atrás acoge a un nuevo inquilino: Albert Dussel, un dentista. Este se instala en la habitación de Ana.

Desde la ventana, la joven suele observar las redadas de judíos. Se siente culpable de poder acostarse todas las noches en su cama mientras que muchas personas son detenidas y deportadas: «En todo lo que hago me acuerdo de todos los que están ausentes. Y cuando alguna cosa me da risa, me asusto y dejo de reír, pensando en que es una vergüenza que esté tan alegre» (Frank 2001, 20 de noviembre de 1942).

Todos los clandestinos tienen en sus pensamientos el destino de los judíos y el avance de la guerra, pero también están preocupados por ciertos acontecimientos que les afectan directamente. Así pues, temen que el nuevo propietario del edificio quiera visitar la casa de atrás; no se fían del nuevo almacenero que podría denunciarlos; les aterroriza la idea de que los descubran si entran a robar; temen por sus vidas con cada bombardeo o combate aéreo.

También afectan a su existencia otras preocupaciones personales, como por ejemplo la falta de dinero que obliga a los Van Daan a revender algunas prendas o la miopía de Ana.

A parte de eso, los días pasan con cierta monotonía, hasta tal punto que Ana dedica algunas cartas a describir tardes, noches y comidas en la casa de atrás. Las únicas distracciones de las que disponen son escuchar la radio, leer libros y revistas, y estudiar (taquigrafía, francés, inglés, etc.). Por su parte, a Ana le gustan sobre todo la historia, la mitología, los árboles genealógicos de familias reales y el cine. También dedica parte de su tiempo a escribir ficción.

UNA RELACIÓN PRIVILEGIADA EN LA CASA DE ATRÁS

Ana se siente incomprendida. A menudo llora en su cama

por las noches. La necesidad de calmar su pena la lleva a confiar en Peter. Cada vez sube más frecuentemente a la habitación del joven, aunque tema aburrirlo.

Los dos adolescentes hablan de diferentes temas: desde su personalidad a la sexualidad, pasando por la relación con sus padres. También miran por la ventana en silencio. Al principio, Ana afirma que no está enamorada de Peter porque quiere a otro chico que se llama igual y cuya aparición en sus sueños la conmocionó profundamente: «Me parece haber madurado desde la noche de mi sueño memorable; me siento más que nunca "una persona independiente"» (Frank 2001, 22 de enero de 1944). Pero la amistad que siente la joven hacia su compañero clandestino evoluciona rápidamente hacia sentimientos más fuertes: «De cualquier modo, ahora encuentro la vida más bella. Creo, Kitty, que el anexo va a ser cruzado por el soplo de un amor verdadero» (Frank 2001, 22 de marzo de 1944). Esto la llevará a experimentar su primer beso.

El martes 28 de marzo de 1944, el ministro Bolkestein anuncia por la radio que los testimonios en forma de carta y de diario serán recogidos después de la guerra. Entonces, Ana comienza un trabajo de reescritura de su diario: «¡Figúrate una novela titulada El anexo secreto, cuya autora fuera yo! ¿Verdad que sería interesante? (El mero título ya haría pensar en una novela policial)» (Frank 2001, 29 de marzo de 1944).

En abril los clandestinos están a punto de ser descubiertos: tras un nuevo robo, el guardián de noche observa un agujero en la puerta e inspecciona el interior del edificio con la ayuda de un policía.

UN FINAL TRÁGICO

Ana pasa por un período decaída: «¡Me siento tan desgraciada! Esto no me ocurría desde hace meses; ni siquiera después del robo llegué a estar tan deprimida» (Frank 2001, 26 de mayo de 1944). Después se anima de nuevo, cuando se entera de que el desembarco ha empezado, y cada día sigue el avance de los ingleses.

La última carta del diario está fechada el 1 de agosto de 1944. Trata sobre la personalidad oculta de Ana, la que nunca desvela y que, según ella, es mucho más bella y profunda que la que muestra a los demás. Tres días más tarde, los clandestinos son detenidos.

ESTUDIO DE LOS PERSONAJES

ANA

Nace el 12 de junio de 1929 y es la más joven de los clandestinos. Al leer sus cartas nos damos cuenta rápidamente de que es charlatana y de que le gusta hacerse notar (domingo 21 de junio de 1942). Estos rasgos de su carácter provocan fuertes reacciones por parte de los adultos. Ana no lo deja entrever, pero en realidad todas esas riñas le entristecen gravemente («Tomaría a Dios por testigo y le pediría que me diese otra naturaleza, una naturaleza que no provocara la cólera ajena», Frank 2001, 30 de enero de 1943).

Debido a unas condiciones de vida particulares, la joven alcanza rápidamente un alto nivel de madurez: entre las primeras cartas, que cuentan anécdotas sobre sus compañeros de clase, y las últimas, en las que trata temas como la sexualidad, la naturaleza humana o la condición de la mujer, el contraste es impactante.

La ambición de Ana es convertirse en escritora o periodista. Quiere seguir viviendo después de su muerte (Frank 2001, 4 de abril de 1944). Su deseo su cumplirá, puesto que su nombre será conocido en todo el mundo.

EDITH FRANK

La relación entre madre e hija es especialmente tensa. No existe ninguna complicidad entre ellas y las discusiones son frecuentes. Para Ana, Edith representa el modelo opuesto de lo que debe ser una madre. La adolescente tiene la impresión de que debe educarse por sí sola («la verdadera madre que yo imagino y que me comprendería me falta a cada instante», Frank 2001, 24 de diciembre de 1943).

En varias ocasiones Ana hace declaraciones muy duras respecto a Edith (Frank 2001, 3 de octubre de 1942; Frank 2001, 17 de marzo de 1944), pero en la carta del 2 de enero de 1944 reconoce sus propios errores y relativiza («Esa época, en la que, podía provocar fríamente en mamá una crisis de lágrimas, ha sido bien superada. Me he vuelto más razonable»). Edith es sensible ante esta relación problemática con su hija, como demuestran sus lloros después de que Ana rechace rezar con ella (Frank 2001, 2 de abril de 1943).

OTTO FRANK

El padre de Ana es el director de la empresa Opekta donde están escondidos los clandestinos. Ana le tiene mucha estima, piensa que a veces es él único de la familia que la comprende. De temperamento optimista, es tranquilo y nunca se queja.

Ana se refugia cerca de él en cuanto hay un bombardeo. Cada día ayuda a su hija a repasar sus lecciones y los demás acuden a él cuando se trata de tomar una decisión.

Ana también llega a sentirse incomprendida y abandonada por su padre, como lo expresa en una carta que le escribió («Cuando me debatía completamente sola, todos ustedes, y tú también, cerraron los ojos y se taparon los oídos: nadie me ayudó», Frank 2001, 5 de mayo de 1944).

Otto es el único de los ocho clandestinos que sobrevive a la deportación. Después de la guerra se volverá a casar y se instalará en Suiza, donde vivirá hasta su muerte en 1980.

MARGOT FRANK

Tres años mayor que Ana, Margot tiene un carácter muy diferente del de su hermana: es discreta, incluso pasa desapercibida y nunca es el centro de las discusiones. También es muy buena en los estudios. La ironía y los celos se vislumbran cuando Ana la califica de «hija modelo».

En algunos momentos, Ana no soporta a su hermana y siente que sus padres no tratan a sus hijas de la misma manera («¿Es en realidad un azar que papá y mamá nunca reprendan a Margot, pero que a mí me regañen con frecuencia?», Frank 2001, 7 de noviembre de 1942). Sin embargo, en otras ocasiones existe cierta complicidad entre las dos jóvenes (Ana le deja leer ciertos fragmentos de su diario).

Después de la guerra Margot quiere ser puericultora en Palestina. También escribe un diario que nunca fue encontrado.

PETER VAN DAAN (VAN PELS)

Antes de 1944 Ana no tiene ninguna afinidad con Peter. Ella lo considera delicado, vago y poco interesante («Es un muchacho de modales suaves, desgarbado y tímido [...]. No espero gran cosa de él, como compañero», Frank 2001, 14 de agosto de 1942). Su timidez extrema lo lleva a ser muy silencioso.

Más tarde, Ana encuentra en él un confidente. Pasa casi todas las tardes con él y termina enamorándose del adolescente. Peter le reconoce que no tiene confianza en sí mismo. Él la admira por su seguridad y su capacidad de respuesta. En las últimas cartas de su diario, Ana explica que Peter la ha decepcionado debido a su aversión hacia la religión y a su carácter débil.

El proyecto de Peter es ir a las plantaciones de las Indias Holandesas.

EL SEÑOR Y LA SEÑORA VAN DAAN (VAN PELS)

El matrimonio se hace notar a menudo debido a sus discusiones. A veces su comportamiento molesta a Ana; por ejemplo, cuando están comiendo y se reservan los mejores trozos para ellos.

La señora Van Daan se encarga de la cocina. Es alegre pero Ana la considera insoportable cuando se queja o cuando hace observaciones respecto a su educación. En cuanto a su marido, le encanta dar su punto de vista sobre todo y es fácilmente irritable cuando no tiene más cigarros.

ALBERT DUSSEL (FRITZ PFEFFER)

Es el último clandestino que se instala en la casa de atrás y es el único que no viene acompañado de su familia. Su pareja, una cristiana, no tiene que vivir escondida. Ana tiene que compartir su habitación con él, lo cual no le hace gracia. Al igual que la Sra. Van Daan, el dentista opina que Ana está malcriada.

Ana se enfada cuando descubre que Albert tiene una reserva personal de comida, y considera que a veces no es prudente (le pide a Miep que le lleve un panfleto sobre Mussolini y no soporta las nuevas medidas de seguridad, adoptadas tras un robo). Los demás clandestinos se divierten con sus pérdidas de memoria y con las promesas que hace pero que no cumple nunca (Frank 2001, 17 de noviembre de 1942).

LOS PROTECTORES

Cuatro personas cuidan de los clandestinos: Kleimen y Kugler, que dirigen la sociedad Opekta, la secretaria Miep y la oficinista Bep. La ayuda que les ofrecen cada día es valiosa para los habitantes de la casa de atrás. Les proporcionan la comida, libros e intentan satisfacer las necesidades materiales. Les llevan noticias del mundo exterior y los apoyan moralmente con sus visitas diarias. Los clandestinos son conscientes de que dependen totalmente de ellos. Ana se muestra extremadamente agradecida hacia estos «héroes» que se arriesgan para ayudarles (Frank 2001, 28 de enero de 1944).

CLAVES DE LECTURA

CONTEXTO HISTÓRICO

En 1919, al terminar la Primera Guerra Mundial, se firma el Tratado de Versalles, que pretende establecer la paz entre los vencedores de la guerra y Alemania. Esta se muestra especialmente reacia a ceder sus colonias y algunos de sus territorios.

Diez años más tarde, el mundo se ve sacudido por el crack bursátil que ocurre en Estados Unidos y que conlleva el período denominado la Gran Depresión. Sumerge al mundo en una profunda crisis durante la cual la pobreza de la gente y la tasa de paro aumentan gravemente. Como consecuencia, crecen los partidos políticos totalitarios (partidos que recogen todos los poderes y que no aceptan oposición alguna), como el nazismo en Alemania, el fascismo en Italia o el franquismo en España.

En Alemania, Hitler encabeza el partido obrero en 1920 y lo denomina Partido Nacionalsocialista Obrero Alemán. Gracias a la personalidad de su líder y al contexto económico y social, se convierte en el primer partido a partir de 1932. Un año más tarde, Hitler toma el mando del país. Entonces, lanza una serie de medidas de exclusión contra los judíos, volviéndolos a censar, obligándoles a llevar la estrella amarilla, despidiéndolos, deportándolos o incluso ordenando asesinarlos. Él consideraba que la «raza alemana» era superior a las demás y por eso quería eliminar a los judíos, los romaníes, etc., que dificultaban su proyecto de «raza aria».

Es por esto por lo que la familia Frank decide en 1933 huir de Alemania e ir a los Países Bajos, que se han declararon neutrales durante el conflicto y que, hasta entonces, no habían sido atacados.

Por desgracia, en mayo de 1940, Alemania invade el país y aplica el mismo régimen político de represión sobre los judíos. Estos están amenazados con ser enviados a los campos de concentración si se les considera aptos para el trabajo, donde los tratarán de forma inhumana, o a los campos de exterminio, donde los matarán en las cámaras de gas. Entonces, algunos eligen oponerse a la invasión alemana y ayudar a la comunidad judía (escondiéndolos, dándoles comida, etc.). Se llaman «los resistentes» y corren el riesgo de ser condenados a muerte si los descubren.

No es hasta mayo de 1945 cuando los Países Bajos son liberados del yugo alemán, después de numerosos combates que causan la muerte de decenas de millares de personas.

LA VIDA EN LA CLANDESTINIDAD

El diario de Ana Frank puede considerarse un documento histórico sobre las condiciones de vida de los clandestinos durante la Segunda Guerra Mundial. De hecho, los Frank deben reconsiderar su modo de vida cuando se mudan a la casa de atrás. Si bien Ana considera que ellos tienen mucha suerte, comparado con los judíos deportados, y que están instalados con más comodidades que la mayoría de los clandestinos, sus cartas ponen de manifiesto hasta qué punto es duro vivir escondido, y esto debido a varias razones:

- la dependencia total de otras personas. La vida de los clandestinos ya no está completamente en sus manos, deben contar con sus protectores. En cuanto uno de estos cae enfermo, esto tiene consecuencias en su existencia. Lo que es más, dependen del destino de sus proveedores de tickets de abastecimiento y de Van Hoeven, quien les entrega patatas. Cuando detienen a este último, Ana escribe que lo único que les queda es comer menos (Frank 2001, 25 de mayo de 1944);

- las limitaciones materiales. Todos pasan los días en un espacio reducido sin ninguna posibilidad de salir, ni siquiera para tomar el aire. Tienen que lavarse con un cubo que cada uno lleva al lugar donde cree tener más intimidad. La ropa de los niños que se ha quedado demasiado pequeña no puede sustituirse, y si alguien cae enfermo, es imposible llamar a un médico. Las comidas casi no son variadas y a veces tienen que comer alimentos podridos (Frank 2001, 3 de abril de 1944; Frank 2001, 3 de mayo de 1944);

- las tensiones dentro del grupo. Vivir constantemente con las mismas personas implica necesariamente conflictos de diversos tipos. Las discusiones son muy frecuentes en la casa de atrás («En verdad, termino por olvidar con quién habíamos regañado y con qué persona hemos hecho las paces.», Frank 2001, 17 de octubre de 1943);

- la presión psicológica. El miedo a ser denunciados o detenidos invade los pensamientos de los clandestinos día tras día. A las innumerables precauciones que deben tomar diariamente (no hacer ningún ruido durante las horas de oficina, no pasar nunca por delante de una ventana, etc.), se suma el estrés producido por cada bombardeo o robo. Además, resulta muy deprimente y angustiante no saber hasta cuándo tendrán que vivir en estas condiciones: «No te imaginas cuán opresivo resulta el hecho de no poder salir nunca, y tengo muchísimo miedo de que seamos descubiertos y fusilados.» (Frank 2001, 11 de julio de 1942).

KITTY, LA MEJOR AMIGA DE ANA

En su diario, Ana se dirige a una amiga imaginaria, Kitty. Muy pronto, Ana explica que escribe porque no tiene una verdadera amiga, a pesar de que se divierta con sus compañeras de clase. Lo que ella busca es poder liberar sus pensamientos sin ninguna atadura.

Al principio Ana cuenta principalmente anécdotas sobre sus días en el colegio o con los jóvenes de su edad. Cuando entra en la clandestinidad, sin embargo, la ausencia de personas en las que confiar se convierte en algo realmente pesado para la joven. Desde ese momento, el diario, más que un simple pasatiempo, se convertirá en un apoyo indispensable para ella, le hace la vida más soportable («La cosa más maravillosa, y ya es algo, es poder escribir todo lo que siento; si no, me ahogaría.», Frank 2001, 16 de marzo de 1944).

La escritura también le ayuda a cuestionarse su propia personalidad. Afirma ser capaz de analizar su comportamiento como si se tratara del de otra persona (Frank 2001, 6 de enero; Frank 2001, 12 de enero y Frank 2002, 15 de julio de 1944).

Por tanto, *El diario de Ana Frank* permite leer declaraciones escritas sin ningún tipo de autocensura, puesto que iban dirigidas a una amiga que debía guardarlas en secreto. Sin duda, es esa sinceridad lo que ha hecho que el diario haya emocionado a tantos lectores.

PUBLICACIÓN Y RECEPCIÓN

El día que detienen a los clandestinos, Miep reúne los cuadernos y las hojas esparcidas de Ana y lo guarda todo en un cajón, con vistas a devolvérselo más tarde a la adolescente.

Después de la Liberación, Otto vuelve a los Países Bajos. Sabe que su esposa ha muerto pero no sabe nada sobre el paradero de sus hijas. Inicia varios procedimientos para encontrarlas. Finalmente, en julio de 1945, dos hermanas presentes durante la muerte de las hijas de Frank le informan de lo ocurrido.

Miep, ahora segura de que Ana no volverá, entrega los escritos a Otto. Hasta septiembre de 1945 no los leerá. Cuando encuentra la fuerza necesaria para hacerlo, se queda estupefacto al descubrir a una hija totalmente diferente de la que él conoció.

Después de algunas dudas, Otto decide cumplir el deseo de su hija: se propone que publiquen su diario. Al principio, ningún editor está interesado. Tan solo después de que se publique un artículo de un historiador en el periódico *Het Parool*, los escritos de Ana salen a la luz en un volumen titulado *La casa de atrás*, en junio de 1947.

El diario tiene buen recibimiento y los 1500 ejemplares de la primera edición se venden rápidamente. La segunda edición data de diciembre de 1947 y la tercera, de febrero de 1948. En los años 1950 el libro se traduce al alemán, al francés y al inglés. En Estados Unidos se realizan dos adaptaciones, una teatral y otra cinematográfica.

PISTAS PARA LA REFLEXIÓN

ALGUNAS PREGUNTAS PARA PROFUNDIZAR EN SU REFLEXIÓN...

- A partir de la novela, intente extraer las características del relato autobiográfico.
- ¿Cuáles son las ventajas que aporta el punto de vista subjetivo del relato en un libro de historia?
- ¿Qué tipo de información se puede encontrar en el diario? Intente explicar lo que lleva a Ana a continuar con la redacción de este diario durante toda su estancia en la casa de atrás.
- El diario íntimo es una forma que puede utilizarse para escribir ficción. Compare *El diario de Ana Frank* con *El Horla*, de Maupassant. ¿Qué diferencia las dos obras? ¿Cuál es el aporte de esta forma de escritura en cada obra?
- *El diario de Ana Frank* es uno de los libros más vendidos del mundo. En su opinión, ¿por qué?
- La familia Frank decidió infringir las leyes y entrar en la clandestinidad. Sin embargo, hoy en día, a nadie se le ocurriría calificarlos como criminales. ¿Qué convierte la desobediencia de los Frank en algo absolutamente legítimo?
- ¿Cuáles son los puntos en común y las diferencias entre *El diario de Ana Frank* y la película *Monsieur Batignole* de Gérard Jugnot?
- Ana Frank redactó su diario hace más de 60 años en un contexto muy diferente del nuestro. Sin embargo, ciertos aspectos de su vida son similares a los de una adolescente de hoy en día. ¿Cuáles son los aspectos que la acercan a

los adolescentes actuales?

- Redacte tres páginas de diario íntimo de un niño afgano de Kabul, de un palestino de la Franja de Gaza o de un joven monje tibetano.

¡Su opinión nos interesa!
¡Deje un comentario en la página web de su librería en línea,
y comparta sus favoritos en las redes sociales!

PARA IR MÁS ALLÁ

EDICIÓN DE REFERENCIA

- Frank, Ana. 2001. *Diario de Ana Frank*. Traducido por Martín Bruggendieck. Santiago de Chile: Pehuén Editores.

ESTUDIOS DE REFERENCIA

- Fondation Anne Frank. 1992. *Anne Frank. Une vie*. París : Casterman.
- Lee, Carol Anne. 1999. *Anne Frank. Les secrets d'une vie*. París: Éditions de la Seine.
- Sitio del museo Ana Frank creado en «la casa de atrás». 2016. Consultado el 28 de septiembre de 2016. http://www.annefrank.org/
- Centro de recursos Ana Frank. 2015. Consultado el 6 de noviembre de 2015. http://annefrank.cidem.org/home.php

ADAPTACIONES

- *Le Journal d'Anne Frank*. Dibujos animados creados por Nagaoka Akiyoshi y Julian Y. Wolff. Francia, Gran Bretaña, Irlanda y Japón, 1999.
- *El diario de Ana Frank*. Serie de televisión dirigida por Jon Jones. Reino Unido: BBC One, 2008.